Feste & Partys

Satz: Fotosatz Edith Mocker, 82219 Eichenau
Druck: Dr. Cantz'sche Druckerei, 73760 Ostfildern
Bindearbeiten: Sigloch Buchbinderei, Künzelsau
1 2 3 4 5 97 96 95 94 93
Auflage Jahr
(jeweils erste und letzte Zahl maßgeblich)

ISBN 3-8231-0079-3

Feste & Partys

Ein fröhliches Wörterbuch für
Partylöwen, Fetengänger, Buffet-Haie,
Fest-Zelter sowie für alle, die immer
mit von der Partie sein wollen.

Von Josef Ebner
mit Zeichnungen von Michael Hüter

TOMUS

Adeliger

DER HERR REICHSGRAF WÜNSCHT KETCHUP ZUR KÖNIGINNEN-PASTETE !!

A

Abiturfeier

Großes Fest, auf dem der Schock des Zeugniserhalts durch amüsante Darbietungen und weniger amüsante Ansprachen gemildert werden soll. Die Schüler veralbern die Lehrer, die Lehrer die Schüler und sich selbst, und die Eltern sind gerührt und freuen sich, daß das Schlimmste überstanden ist und ahnen nicht, daß eben dies womöglich erst noch kommt.

---

abschlaffen

Reaktion vieler Gäste zu später Stunde. Dagegen steht ihnen jedoch ein probates Gegenmittel zur Verfügung: Stehvermögen demonstrieren und jetzt erst recht weitermachen! Der Gastgeber wird entzückt darüber sein.

---

absetzen

1. Von der Steuer: Die Kunst, den Aufwand für einen feuchtfröhlichen Abend dem Finanzamt so zu deklarieren, daß es keinen Verdacht schöpft.
2. Sich selbst: Die Kunst, den vorzeitigen Rückzug von einem feuchtfröhlichen Abend dem Gastgeber so zu deklarieren, daß er keinen Verdacht schöpft.

Adeliger

Ein Mensch, dessen Name ein „von“ aufweist und der gerne auf Feste aller Art geladen wird, weil er allein durch seine Anwesenheit deren Niveau zu heben vermag. Sein eigenes Niveau spielt dabei überhaupt keine Rolle.

Ästhet

Gast, dem es, wie er betont, vor allem auf den optischen Eindruck ankommt. Beim Kalten Buffet beispielsweise muß alles genau den Farben und Formen entsprechend aufeinander abgestimmt sein. Der Verzehr als solcher und der

Alkohol

Geschmack des Dargebotenen, so der Ästhet, sei zweitrangig. Aber wenn keiner hinguckt, haut er genauso rein wie die anderen.

After Shave

Vorherrschende Duftnote, wenn mehrere männliche Partygäste gleichzeitig eintreffen.

Alkohol

Nothelfer, der nahezu jedes Fest vor dem Versinken zu bewahren vermag. Jede vom Gastgeber in Bier, Wein und Schnaps angelegte Mark ist somit gut angelegt. Es soll allerdings auch Partys geben, auf denen die Leute von sich aus fröhlich sind – aber wo finden die bloß statt?

Anlaß (des Festes)

Je nach Standpunkt (Gastgeber oder Gast) entweder eine als unabwendbar erkannte Verpflichtung, viel Geld dafür auszugeben, daß andere Leute sich amüsieren – oder ein nach dem zweiten Drink vergessener Vorwand, sich auf Kosten anderer einen netten Abend zu machen.

Ansprache

Abfolge von begrüßenden Worten, zu deren Absonderung sich mancher Gastgeber verpflichtet fühlt. Wichtig für ihn ist vor allem, daß das, was er sich mühsam zurechtgelegt und auswendig gelernt hat, absolut spontan und improvisiert erscheint und natürlich stellenweise ungeheuer witzig und geistreich ist. Wichtig für die Zuhörer ist, daß sie diese ungeheuer witzigen Stellen schnell genug erkennen, um rechtzeitig lachen zu können. Im übrigen benötigen sie lediglich Geduld – denn die Ansprache wird in der Regel vor dem Essen gehalten.

---

anstoßen

Rituelles Heben und Aneinanderstoßen gefüllter Gläser. Dient als Alibi für fortgesetzten Alkoholkonsum – denn

Appetit

	man will ja nicht trinken, aber man muß, weil immer wieder jemand sein Glas hebt.
Anzahl (der Gäste)	Grundsätzlich entweder zu groß oder zu klein.
anzapfen	Von dem Schlachtruf „O'zapft is!" begleitete Eröffnungszeremonie bayerischer Festlichkeiten.
Apéritif	Das Glas, mit dem das Unheil seinen Lauf nimmt.
Appetit	Gefühl, das einen überkommt, wenn man das Buffet sieht, und das einem manchmal wieder vergeht, wenn man einige Gäste betrachtet.
Aquarium	Mit Wasser und Fischen gefüllte, vom Hausherrn mit viel Liebe gepflegte Zierde der Wohnung, deren Inhalt sich im Verlaufe eines rauschenden Festes oft auf erstaunliche Weise verändert. So wurden beispielsweise nach der Geburtstagsparty bei den W.s eine schwarze und eine grüne Olive, ein Sektkorken und ein Teesieb darin gefunden. Dafür waren drei der hübschen kleinen Neonfische verschwunden. Völlig verschwunden. Nur Frau W. glaubte sich vage an einen Gast zu erinnern, der sich wunderte, daß die Garnelen, die er auf seinem Teller vorfand, so schön leuchteten. Aber sie schmeckten ihm ausgezeichnet.
Asket	Ein Mensch, der selbst als Gast, also wenn es ihn nichts kostet, nicht mehr ißt, als seiner Gesundheit zuträglich ist. Deshalb, wie der Vegetarier, ein sehr beliebter Gast.
Aspirin	Medikament, an dessen Dosierung sich die Qualität des überstandenen Festes ablesen läßt.

aufatmen

Das, was sowohl bei den Gästen als auch beim Gastgeber gleich nach dem Verabschieden kommt. Und keiner will es wahrhaben, daß er dieses erhebende Gefühl schon viel früher hätte genießen können.

Ausdauer

Eine Eigenschaft, über die vor allem Gastgeber verfügen sollten, denn nur so vermögen sie der Ausdauer der Gäste (die haben eigenartigerweise immer mehr als genug davon) standzuhalten.

Auster

Statussymbol vornehmer Partys; die verzehrte Menge erlaubt jedoch keine Rückschlüsse auf die dabei erreichte Stimmung.

Auto

Als Party-Gesprächsthema fast so ergiebig wie das Wetter, allerdings überwiegend auf männliche Gäste beschränkt. Altersunterschiede spielen dabei keine Rolle. Bemerkenswert an diesen Partygesprächen ist, daß nur ausgezeichnete, überdurchschnittlich gute Autofahrer daran teilnehmen. Man braucht nur einmal zuzuhören, wenn sie von ihren Erlebnissen mit den anderen berichten, mit all den Rasern, Lahmärschen, Falschüberholern und Überholspurnichtfreimachern.

Irgendwie fragt man sich da schon, auf welchen Partys diese anderen Autofahrer zu finden sind.

„Kannst Du eigentlich nur über Autos quatschen?“

Besäufnis

2,8 PROMILLE !!
ES WAR SICHER SEHR LUSTIG .. !!!
KICHER KICHER KICHER.
STOP
POLIZEI

B

Bacchanal	Orgie unter Altphilologen.
BAföG	Reicht kaum zum Leben, aber wenigstens für die eine oder andere tolle Party. Und die dabei erworbenen Kenntnisse sind ja im späteren Leben auch recht nützlich.
Bankett	Vornehmes Fest, auf dem es nahezu unmöglich ist, die Sau rauszulassen.
Beförderung	Zwingender Anlaß, alle Kollegen zu einer Feier einzuladen. Dadurch ist der Beförderte auch gleichzeitig der Überlegung enthoben, was er im nächsten halben Jahr mit dem Mehrverdienst anfangen soll.
Besäufnis	Von übelwollenden Zeitgenossen erdachte und grundsätzlich unzutreffende Bezeichnung für ein geselliges, von leicht alkoholischen Getränken beflügeltes Beisammensein fröhlicher Menschen.
Bestseller	Unabdingbares Gesprächsthema auf Partys der gestelzteren Art. Man kann auch ungeniert darüber irgendeine Meinung äußern, ohne befürchten zu müssen, auf detaillierte Kenntnisse zu stoßen. Denn jeder hat schon von ihm gehört, bei dem einen oder anderen steht er sogar im Bücherschrank, aber kaum einer hat mehr als die ersten fünfzig Seiten gelesen.
Betriebsfeier	Ob Ein- oder Ausstand, ob Beförderung, Weihnachten oder Karneval – es muß gefeiert werden! Auch hartgesottene

Chefs haben inzwischen erkannt, daß eine gelegentliche Fete das vielzitierte Betriebsklima ungeheuer in Schwung bringt. Wenn der Büroleiter mit dem Poststellen-Azubi schwoft, die Archiv-Bewahrerin sich den netten neuen Sachbearbeiter angelt und die Typen vom Versand ganz furchtbar einen draufmachen – dann verwandelt sich der Betrieb für einige Stunden in einen Ort, an dem man es überraschend gut aushält. Und wenn am darauffolgenden Tag ein paar Beziehungen geplatzt sind und dafür andere neu beginnen, wenn in der Ablage ein leerer Bierkasten und im Chefvorzimmer ein immer noch voller Justitiar liegt – dann läßt sich auch dagegen nichts einwenden.

Bier Ein Getränk, das oft als zu unfein zum Feiern angesehen wird und deshalb zu dem Getränk geworden ist, das man nach der Rückkehr von einer vornehmen Feier als erstes zu sich nimmt.

Blumen Traditionelles Geschenk an die Dame des Hauses. Diese hat bei jedem Strauß, der ihr überreicht wird, überrascht und entzückt zu strahlen und lauthals die Phantasie und den guten Geschmack des Schenkenden zu loben – bevor sie ihn (den Strauß) in die Kammer zu den dreiundzwanzig anderen stellt.

Bordfest Ein Fest, das ebenso verschiedenartig sein kann wie eines auf festem Boden. Der Unterschied besteht vor allem darin, daß hier der Boden schon vor dem ersten Whisky schwankt, außerdem kann man sich nicht so weit zurückziehen, daß man nicht wieder gefunden und herbeigeschleppt werden kann.

Bier

Bowle

Bowle Ausgesprochen hinterhältiges Getränk, das sich mit Früchten und harmloser Farbe so gut tarnt, daß man erst dann merkt, was wirklich drin ist, wenn es zu spät ist.

Brunch Zusammenlegung von Breakfast und Lunch, also von Frühstück und Mittagessen. Manche Gastgeber laden zu ihm ein, weil sie glauben, dadurch eine Mahlzeit zu sparen und so billiger davonzukommen. Ein zweites Mal laden sie in der Regel nicht dazu ein.

Buffet Mittelpunkt jeden Festes. Es kann kalt sein, es kann warm sein, auf jeden Fall muß es voll sein. Und wenn es gut war, wird es hinterher leer sein.

Butler Gehört neben dem offenen Kamin zum Standardinventar des statusbewußten Gastgeber-Haushalts, wird jedoch auch im Sommer in Betrieb genommen.

C

Charme Die Eigenschaft, die jeder Partygast bei sich feststellt und bei den anderen vermißt.

Chauvi Naher, auf Festen aller Art anzutreffender Verwandter des Machos (s. dort). Von diesem unterscheidet er sich dadurch, daß er seine mittelalterliche Lebenseinstellung durch passable Umgangsformen und manchmal sogar einen Anflug von Intelligenz zu kaschieren versucht. Also: Wenn schon Chauvi, dann lieber gleich Macho.

Chef	Gastgeber, der mit den immer gleichen uralten Witzen den immer gleichen großen Erfolg hat.
Cocktail	Mischung aus mehreren meist alkoholischen Zutaten, wodurch man den eigentlich Schuldigen an dem daraus resultierenden Brummschädel hinterher nicht mehr identifizieren kann.
Consommé	Vornehme Fleischbrühe.
Countdown	Der mit Ansprachen und ähnlich überflüssigem Brimborium angefüllte Zeitraum vor Eröffnung des kalten Buffets.

D

Danksagung	Ritueller Wortwechsel bei der Verabschiedung. Der Gast dankt dem Gastgeber, daß er kommen durfte, und dieser dem Gast, daß er gekommen ist, und beide wünschen sich dabei, daß es so schnell nicht wieder dazu kommen möge.
Darbietung, musikalische	Auch heute noch übliche Einlage, je nachdem zum kulturellen Genuß, zur Anhebung der Stimmung oder zum Übertönen knurrender Mägen gedacht. Während früher (in manchen Kreisen allerdings auch heute noch) die Tochter des Hauses ans Klavier schritt, um dortselbst eine Chopin-Etüde zu malträtieren, haut heute ein Partyteilnehmer eine schräge Rocknummer in die Tasten oder er greift zur Gitarre, um irgend etwas zwischen Country-Blues, irischem

Darbietung, musikalische

Bardensong oder Mark-Knopfler-Verschnitt in die Gehörgänge zu jagen (Aktuelleres wird selten geboten, denn es dauert ja seine Zeit, bis man die Nummer draufhat).
Die Darbietung endet in der Regel mit dem höflich-begeisterten Klatschen der übrigen Gäste und dem Aufdrehen der Stereo-Anlage auf volle Power. Man will ja auch mal richtige Musik hören.

Dauer (des Festes) Ein sehr relativer Begriff. Denn für die einen ist sie zu kurz und für die anderen zu lang.

Dessert Der Teil der Speisenfolge, von dem die Gastgeberin gehofft hatte, daß ihr ein Großteil davon übrigbleiben würde. In der Regel hat sie dabei jedoch das Fassungsvermögen ihrer Gäste unterschätzt.

Diät Vom Arzt oder vom eigenen Gewissen verordneter Ernährungsplan, der jedoch, natürlich aus rein medizinischen Gründen, bei allen Arten von Einladungen keine Gültigkeit hat.

Diavortrag Probate Methode, die Müdigkeit der Gäste und damit deren baldigen Aufbruch zu stimulieren.

Dimmer Sinnreiche technische Einrichtung, die dazu dient, allzu grelles Licht zu dämpfen. Bei Festen jüngerer Jahrgänge, damit man nicht so genau sieht, was sie tun, bei Festen älterer Semester, damit man nicht so genau sieht, wie sie aussehen.

Diskussion Ein in Ernsthaftigkeit abgerutschter Small talk. Da dies im Extremfall sogar dazu führen kann, daß einige Gäste ihre

UND DAS IST MARION IN PALMA IM MAI 84...!!
KLICK ...
KLICK ...
RATTATKLICK ...
RATTAKLICK ...

Diavortrag

wirklichen Ansichten kundtun, ist solches vom Gastgeber so schnell wie möglich zu unterbinden.

Du

Anrede, die im fortgeschrittenen Feierstadium mehr und mehr üblich wird, sogar zwischen Chef und Untergebenen. Von diesen wissen jedoch die wenigsten, daß das in Wirklichkeit nur ein Test ist: Wer auch am nächsten Tag zum Chef noch „du“ sagt, hat in dieser Firma bald überhaupt nichts mehr zu sagen.

E

Ehrengast

Der Gast, dem zu Ehren diese Feier veranstaltet wird, um den sich alles dreht, der pausenlos im Mittelpunkt steht und der dadurch weder zum Feiern noch zum Essen noch zu sonst irgend etwas Angenehmem kommt.

---

einfach irre!

Ebenso wie „Super!“ oder „Wahnsinn!“ oder „Echt cool!“ ein anerkennender Ausruf, der besagt, daß man irgend etwas zur Not ganz passabel findet.

Einstand

Beliebtes Fest, bei dem der Neuankömmling gleich mal so richtig vorgeführt bekommt, in was für ein Spitzenbetriebsklima er da hineingeraten ist. Leute, die auf seine Kosten soviel verputzen und dabei so guter Laune sind, können ja nur prima Kollegen sein. Und wenn sich das im weiteren Verlauf als Irrtum herausstellen sollte, kann er ja wieder gehen. Beim Ausstand jedenfalls werden die prima Kollegen wieder vollzählig und fröhlich mit dabeisein.

Ehrengast

WIR VERSAUFEN UNSER OMMA IHR KLEIN HÄUSCHEN,
IHR KLEIN HÄÄUUSCHEN...
80

Eltern

Einweihungsfeier Ein Fest, in das man das bißchen Geld investiert, das einem nach Bezug von neuer Wohnung, Wohnklo oder Penthouse (zutreffendes bitte unterstreichen) noch übriggeblieben ist. Denn darauf kommt's ja nun wirklich auch nicht mehr an.

Eis Vielseitiger Stoff. Zuerst kommt er in den Drink und in den Magen, dann in den Beutel und auf den Kopf.

Eleganz Das, was man an der eigenen Erscheinung als typisch empfindet – solange man sich, vor der Abfahrt zur Feier, zu Hause im Spiegel betrachtet. Ist man erst einmal dort eingetroffen, ändert sich diese Einstellung meist ziemlich schnell.

Eloquenz Vornehme Umschreibung der Fähigkeit, den ganzen Abend hindurch pausenlos zu labern.

Eltern Mit Kindern ausgestattete Menschen, die diese an der schrankenlosen Selbstverwirklichung auf schrillen Feten hindern, aber selbst, ohne die Kinder versteht sich, ganz gern gewaltig einen draufmachen.

Erdnüsse Zusammen mit Chips und anderen billigen Knabbersachen vom Gastgeber heimtückisch zum Apéritif angebotene Magenfüller, die bewirken sollen, daß vom anschließenden eigentlichen Essen möglichst viel übrigbleibt.

Erleichterung Ein Gefühl, das in der Regel Gastgeber und Gäste zum gleichen Zeitpunkt überkommt: dann, wenn sie sich voneinander verabschieden.

extravagant

Eine Art von Benehmen oder Kleidung, die ziemlich weit aus dem Rahmen fällt. Stellt man sie bei anderen fest, findet man das in der Regel doch reichlich übertrieben. Pflegt man selbst diesen Stil, handelt es sich dagegen um ein geschmackvolles Mittel zur Betonung der eigenen unverwechselbaren Persönlichkeit. Das neidgeprägte Unverständnis anderer Leute kann man dabei getrost ignorieren.

F

Familienfeier

Ein Fest, bei dem man sich, aus welchem Anlaß auch immer, mit Leuten trifft, denen man das ganze Jahr über aus dem Weg geht. Dadurch gerät die Stimmung auf solchen Festen, bedingt durch die Wiedersehensfreude, ganz besonders überschäumend.

Fasching

Bayerisches Gegenstück zum Karneval. Gekennzeichnet wird er durch das sogenannte Verkleiden, eine Kunst, die darin besteht, sein wahres Ich zu verbergen und als eine völlig andere Person zu erscheinen. Zwei Methoden sind möglich:

1. Man zieht möglichst viel an, um das allen Bekannte dahinter zu verstecken.
2. Man zieht möglichst wenig an, um das nur einigen Bekannte allgemein zur Schau zu stellen.

Aus Bequemlichkeits- und noch einigen anderen Gründen wird vornehmlich Methode 2 praktiziert – der ursprüngliche Sinn des Faschings, ungezwungene Fröhlichkeit, ist jedoch eigenartigerweise vor allem bei Festen nach Methode 1 zu entdecken.

extravagant

Fettnäpfchen

Faß — Auf guten Festen wird es auch dann aufgemacht, wenn gar keines vorhanden ist.

fasten — Vorbereitung auf eine Einladung. In der Regel genügen zwölf Stunden, um dem dann Gebotenen die nötige Ehre zu erweisen (s. auch „Hunger“).

Fauxpas — Französisches Fettnäpfchen (siehe dort).

Feinschmecker — Einer, den man besonders gerne einlädt. Er nimmt alles Gebotene mit nachdenklich gerunzelter Stirn zu sich, schnüffelt, schmeckt und kostet und erwähnt von Zeit zu Zeit und sehr beiläufig, mit welcher Art von Zubereitung man ein noch besseres Resultat erzielt hätte. Was ihn jedoch nicht daran hindert, die gleiche Menge zu verputzen wie die anderen Gäste.

Fernsehen — Ergiebiges Gesprächsthema. Dabei kommt es darauf an, das gebotene Programm, vor allem populäre Serien, mit Hohn und Spott zu überziehen und so das eigene Niveau zu demonstrieren. Die genauen Detailkenntnisse über die einzelnen Folgen besagter Serien hat man natürlich nur durch rein zufälliges Einschalten und demonstratives Nichthinsehen erworben.

Fettnäpfchen — Stehen auf Partys mindestens ebensohäufig wie Kartoffelchips, aber unsichtbar, überall herum. Wer hineingetreten ist, erkennt dies sofort am gequälten Lächeln beziehungsweise schadenfrohen Grinsen seiner Umgebung.

Flaschen — Man unterscheidet, auf Festen und Partys, zwei Arten. Die einen stehen auf Tischen und Theken, enthalten geistige

Flüssigkeiten und wirken sich in der Regel belebend auf die Stimmung aus. Die anderen stehen und sitzen vor den Tischen und Theken, enthalten geistlose Nichtigkeiten und wirken sich grundsätzlich lähmend auf die Stimmung aus.

Flirt

Wenn zwei mehr oder weniger total aufeinander abfahren. Je nach Art der Feier und der bisherigen Beziehungskisten der beiden kann das als durchaus normal empfunden werden oder als absoluter Überhammer. Der zweite Fall ist generell viel beliebter, denn da haben nicht nur die Beteiligten was davon, sondern auch alle anderen Partygäste.

Fondue

Beschäftigungstherapie für Gäste.
Der nicht immer folgenlose Umgang mit klebrig-zähem geschmolzenem Käse beziehungsweise siedendem Öl, das Verheddern mit anderen Fonduegabeln, der erbitterte Kampf um das heruntergerutschte Brot- oder Fleischstückchen – all das ist nämlich ein Riesenspaß für alle Beteiligten.

Foto

Unwiderlegbarer, durch das völlig ungezwungene Grinsen der darauf Abgebildeten untermauerter Beweis dafür, wie unvergleichlich super die Fete war, an der man teilgenommen hat. Wie es in Wirklichkeit war, interessiert hinterher sowieso keinen mehr, nicht mal die darauf Abgebildeten.

Freibier

Beliebteste Biersorte auf allen Festen; rangiert noch vor Pils, Alt und Berliner Weiße.

„Freut mich"

Stereotype Redewendung beim Einandervorgestelltwerden; in ihrem Wahrheitsgehalt den Wahlversprechen der Politiker vergleichbar.

Fondue
... SCHMURRGELL
BLUBBER
ZISCHSCH...
... TAPP TAPP...
... TAPP
TAPP...
... TAPP
TAPP...
...TAPP TAPP...

G

gähnen

Bewährte, aber trotzdem nicht immer erfolgreiche Methode, seinen Gästen klarzumachen, daß es höchste Zeit ist, sich zu verabschieden.

Gartenfest

Das Schönste, was man mit einem lauen Sommerabend anfangen kann! Wenn der Mond langsam über den dunklen Himmel wandert, die Nachtfalter und Mücken um Lampions und Gäste kreisen, die Frösche im Biotop ihr melodisches Lied anstimmen, der Geruch von verbranntem Grillfleisch sich mit dem Duft vom Komposthaufen mischt, die abgestürzten Falter durch die Bowle rudern, ein leicht benebelter Gast es sich zwischen den Dahlien gemütlich macht – dann, ja dann wünscht man sich, das all das nie enden möge.

Gästeliste

Zusammenstellung von Namen meist prominenter Zeitgenossen, die man eingeladen hat. Daß keiner davon erschienen ist, steht allerdings nicht darauf.

Gastgeber(in)

Er (sie) darf alles organisieren und bezahlen, dafür wird er (sie) am Abend des Festes heftig gelobt und hinterher in gleicher Weise kritisiert. Aber das macht nichts; beim nächsten Mal sind die Rollen ja vertauscht.

Gastgeschenk

Etwas, das man bei der letzten eigenen Feier mit großem Entzücken als Gastgeschenk entgegengenommen hat und nun an einen anderen Gastgeber weiterreicht. Bei kleinem Bekanntenkreis kann es allerdings passieren, daß man das Ding eines Tages ein zweites Mal geschenkt bekommt.

Gartenfest

Geburtstagsparty

Wenn die Gefahr besteht, der eigene herannahende Geburtstag könnte im Bekanntenkreis nicht gebührend zur Kenntnis genommen werden, sollte man zu einer solchen Party einladen. Dabei ist jedoch sorgfältig darauf zu achten, daß die eigenen Ausgaben nicht mehr als 50 Prozent des Wertes der zu erwartenden Geschenke betragen.

Gedeck

Auf vornehmen Festen üblicher Indikator, aus dem zuverlässig auf die Zahl der zu erwartenden Gänge geschlossen werden kann. Je mehr Messer, Gabeln, Löffel, Gäbelchen und Gläser vor einem angeordnet sind, desto mehr ist auch zu erwarten – und desto stärker sollte man sich zu Beginn zurückhalten, wenn man von dem, was später kommt, noch voll profitieren will.

geladen

Man unterscheidet zwischen geladenen und ungeladenen Gästen. Der Unterschied verwischt sich jedoch, sobald alle tüchtig geladen haben.

Geschäftsabschluß

Ein zwingender Grund zum Feiern. Das sollte jedoch möglichst sofort nach Vertragsabschluß geschehen, damit der dabei Hereingelegte dies erst hinterher erkennt.

Gesundheit

In Gesellschaft sollte man bekanntlich nicht über seine Krankheiten reden. Gegen das Gesprächsthema „Gesundheit“ kann jedoch niemand etwas einwenden. Also darf man ungeniert berichten, wie gesund man sein könnte, wenn einem dieser Stümper von Arzt nicht die Hammerzehe so falsch operiert hätte, daß man nun einen Gang wie Schmittchen Schleicher draufhabe. Und mit dem Magen sei es ähnlich, auch da müsse man auf die Gesundheit achten,

geladen

HÄMMER HÄMMER
NEIN, WIR SIND NICHT GELADEN...!
YEAH YEAH....
DUMPF DATZ
TARAAA

weshalb man sich hier am Buffet auch auf die leichten Sachen konzentriere, wie Lachs und Fasan und Krabben, und auf die schweren, wie Kartoffelsalat, Klopse und Frikadellen, leider verzichten müsse.

Goldene Hochzeit Feier eines fünfzig Jahre dauernden Mit-, Gegen-, Auf-, Neben- und Durcheinanders, das es nie bis zum Auseinander gebracht hat.

Gorbatschow Wodkamarke.

---

grillen Eine vor allem in der warmen Jahreszeit seuchenartig sich verbreitende Form des Feierns. Die Krankheit äußert sich in einem unbezähmbaren Heißhunger auf zähe, angebrannte oder verkohlte Fleischprodukte, in einer Rauchschnüffelsucht sowie pyromanischen Spielereien. Etwaige Bedenken wegen des im Rauch enthaltenen und zusammen mit den gegrillten Nahrungsmitteln aufgenommenen krebsfördernden Benzpyrens werden durch reichlichen Alkoholkonsum rasch zum Verschwinden gebracht.

H

Hände Man kann gar nicht genug davon haben. Denn man braucht sie zum Beispiel, um den Teller und das Glas zu halten, die Gabel zu handhaben, andere Hände zu schütteln, das Feuerzeug zu bedienen, verkleckerte Soße unauffällig abzuwischen und das Kind beziehungsweise den Hund des Gastgebers zu streicheln.

---

grillen

WER WILL NOCH FLEIHEISCH ?!?
CHIEF BARBECUE
RUHRKOHLE BRIKETTS
DIESEL
GEWÜR KETCH

Häppchen

Häppchen

Charmant untertreibend, laden Gastgeber gerne zu „einigen Häppchen" ein. Um so größer ist dann die Bestürzung der Gäste, wenn tatsächlich nur solche angeboten werden.

Hallenfest

Ein Fest für alle die, die keine Lust haben, selbst etwas zu organisieren, organisiert von solchen, die Lust haben, daran etwas zu verdienen. Und hinterher kommen sogar alle auf ihre Kosten. Meistens.

Handkuß

Begrüßungsform in sogenannten besseren Kreisen. Die Herren, die ihn in gebückter Haltung praktizieren, sind in der Regel in einem Alter, in denen ihnen diese gebückte Haltung bereits einige Schwierigkeiten bereitet, was den ideellen Wert des H. beträchtlich steigert.
In sogenannten „In"-Kreisen wurde der Handkuß inzwischen vom Wangenkuß (siehe dort) abgelöst.

hausgemacht

Adjektiv, das bei Restaurants ein gutes Angebot vermuten läßt. Bei privaten Partyeinladungen sollte man ihm jedoch mit Vorsicht begegnen.

Hinterhoffest

Geselliges Beisammensein von Leuten, die das Jahr über zu laut Musik spielen beziehungsweise sich darüber beschweren, die am Sonntag Löcher in die Wand bohren, die Wäsche auf den darunterliegenden Balkon abtropfen lassen, ihren Abfall in den falschen Container schmeissen, um zwei Uhr morgens singend duschen und ihre Fahrräder so abstellen, daß man mit dem eigenen kaum noch dran vorbeikommt – und die sich dann unvermutet, an einem Sommerabend, als eigentlich gar nicht so übel herausstellen.

Hinz und Kunz	Zwei Gäste von erstaunlicher Kondition. Sind sie doch auf nahezu allen größeren Feiern und Partys anzutreffen.
Hochzeit	Fest, das viele Parallelen zur Einweihungsfeier eines Kernkraftwerks aufweist. In beiden Fällen werden optimistische Reden gehalten, in denen die wunderschöne und nutzbringende Zukunft der geplanten Vereinigung beziehungsweise Verschmelzung gepriesen wird und in denen man es konsequent vermeidet, auf mögliche Gefahren und Krisensituationen einzugehen. Vor allem der GAU (größter anzunehmender Unfall), manchmal auch Scheidung genannt, ist ein ausgesprochenes Tabuthema.
Housewarming-Party	Leicht angestaubte Bezeichnung einer Feier zur Einweihung einer neu bezogenen und meist auch neu eingerichteten Wohnung, die im allgemeinen eine erste Renovierung besagter Wohnung nötig macht.
Hunger	Ziemlich primitives Gefühl, das auf einer vornehmen Feier nichts zu suchen hat. Was man also nach vorangegangenem zwölfstündigem Fasten verspürt, ist höchstens ein dezidiertes Appetitgefühl, eine Art von Gourmet-Interesse an den kleinen Leckereien, die da angeboten werden. Infolgedessen kann man auch nicht wahllos reinhauen, sondern muß ruhig und dezent und gelassen auswählen und dieses distinguierte Verhalten auch dann noch beibehalten, wenn man sich zum drittenmal den Teller vollädt.

Hochzeit

I

Imbiß	Bescheidene Gastgeber laden gerne zu einem „kleinen Imbiß" – und erfreuen sich dann an der Überraschung der Gäste, wenn der Tisch sich unter den bereitgestellten Köstlichkeiten biegt. Leider hat sich das inzwischen herumgesprochen, wodurch automatisch jeder Eingeladene glaubt, bei dem angekündigten Imbiß könne es sich nur um ein mittleres Gelage handeln. Deshalb Vorsicht! Es gibt noch Gastgeber, die meinen, was sie sagen – und ein frustrierendes Stilleben aus Kräckern, Erdnüssen, Kartoffelchips und Käsegebäck auffahren lassen.
Improvisation	Tritt spätestens eine Stunde nach Beginn des Festes an die Stelle der Organisation und gilt als geglückt, wenn sie das absolute Chaos zu verhindern vermag.
Indiskretion	Das, was dem Small talk erst zu einer gewissen Würze verhilft.
innere Stimme	Zu fortgeschrittener Stunde beginnt sie daran zu erinnern, daß es an der Zeit wäre, nach Hause zu gehen – kann sich jedoch gegen den zu dieser fortgeschrittenen Stunde herrschenden Lärm nicht durchsetzen.
Insider	Einer, der über irgendein Gebiet, das meist nur er selbst für besonders wichtig hält, mehr weiß als die anderen und deshalb so lange darüber redet, bis er auch den letzten Ansprechpartner vertrieben hat.

Improvisation
PRONTO SIGNORE, DA SIND-ÄH 24 PIZZA QUATTRO STAGIONI ...
PIZZA TAXI
PSSHT

Intellektuelle Menschen, bei denen es, wenn sie sich auf einem Fest treffen, besonders geistreich und witzig zugehen soll. Aber das behaupten nur die, die noch nie auf so einem Fest waren.

J

Jet-set Gemeinschaft von Leuten, die nicht recht wissen, wohin mit sich selbst und ihrem Geld, und die das alles deshalb unentwegt per Düse von Party zu Party transportieren.

Joint Ein im Gegensatz zu Alkohol unzulässiges Mittel, lasche Partys anzuheizen.

Jubiläum Ein Anlaß zum Jubeln und dementsprechend auch zum Feiern. Denn es ist schon ein echter Grund zum Fröhlichsein, wenn man beispielsweise wieder zehn Jahre älter geworden ist oder dreißig Jahre lang auf dem gleichen Posten ausgeharrt hat.

jugendlich Das, was jeder Partygast sein möchte, ganz gleich, wie alt er ist.

K

Kalauer Bewährtes Mittel zur Lockerung der Atmosphäre. Allerdings sollte man es nicht zu häufig verwenden, also beispielsweise die Frage, wo sich die Toilette befinde, nicht jedesmal mit „In Indien" („Jenseits des Ganges, hahaha!") beantworten.

Kalauer

Kalkulation Der von vornherein zum Scheitern verurteilte Versuch, die Kosten des geplanten Festes auch nur annähernd abzuschätzen. In dieser Beziehung ähnelt ein solches Unterfangen der Planung eines Atomkraftwerks. Hier wie dort wird man von unvorhergesehenen Betriebsunfällen überrascht und vergißt in der Regel die für die nachherige Entsorgung anzusetzenden Summen.

Kalorie Das, was unsichtbar überall drin ist, wovon aber heute abend keiner etwas wissen will.

Kamin, offener Flackerndes Statussymbol, das Rauch, Hitze und Asche absondert und das jeder gerne haben möchte.

Kanapee Man unterscheidet zwischen solchen zum Essen und solchen zum Draufsetzen; Unterscheidungsmerkmal ist vor allem der Geschmack. Während es jedoch ohne weiteres möglich ist, sich auf zum Essen bestimmte Kanapees auch zu setzen, bereitet der umgekehrte Vorgang manchmal Schwierigkeiten.

Kantine Örtlichkeit mit normalerweise nüchterner Atmosphäre, die sich manchmal in den Schauplatz rauschender Feste verwandelt – und das mit den gleichen Leuten, die dort normalerweise nüchtern vor sich hinmuffeln.

Karneval Anlaß für Feste, auf denen Menschen bunte Mützen aufsetzen, weil sie das sehr lustig finden. Außerdem brauchen sie sich nicht der Mühe zu unterziehen, darüber nachzudenken, an welcher Stelle sie bei den dabei erzählten

Kamin, offener

Kindergeburtstag

Witzen lachen müssen; ein Tusch zeigt ihnen jedesmal an, wann es wieder soweit ist (siehe auch Fasching).

Käse Er schließt bekanntlich den Magen. Dies dürfte der Grund dafür sein, daß manche Gastgeber ihn so frühzeitig anbieten.

Kater Unangenehmer, nach größeren Feiern regelmäßig auftretender Zustand, der einen veranlaßt, mindestens eine Woche lang keine Einladung mehr auszusprechen oder anzunehmen.

Kavalier Ein Herr, der einer Dame hilft, wenn sie etwas ablegen will. Gilt im Zeitalter der Emanzipation als aussterbende Spezies; heute tun die Damen das alleine.

Kaviar Nahrungsmittel, das nach Meinung mancher Partygänger Voraussetzung dafür ist, daß sie eine Party mit ihrer Anwesenheit beehren. Der Entscheidung des Gastgebers bleibt es überlassen, ob er lieber auf den Kaviar oder auf solche Gäste verzichtet.

Keep smiling Krampfartige Gesichtsverrenkung, die zur Grundausstattung jedes Festbesuchers und Partygängers gehört und mindestens ebenso wichtig ist wie die passende Kleidung. Wer diese Mimik perfekt draufhat, braucht sich um den Gesprächsstoff keine Sorgen mehr zu machen; er gilt ganz automatisch als charmant und unterhaltsam.

Kindergeburtstag Unvermeidbare Veranstaltung, für die man nicht nur Kakao und Kuchen, sondern auch viele hübsche Spiele vorbereitet. Das hindert die lieben Kleinen jedoch nicht daran, sich auf ihre eigene Weise zu vergnügen und dabei ein Zerstörungspotential freizusetzen, das eine mindestens teilweise Wohnungsrenovierung nötig macht.

Kitsch Die Wohnungseinrichtung der anderen.

Klamotten Auch Outfit genannt. Das, womit man sich bekleidet und behängt, das zu einem selbst, zum Fest und zu den übrigen dort Anwesenden passen soll und dementsprechend wichtig genommen wird. Und das, wenn die Party eine gute Party ist, ziemlich schnell an Bedeutung verliert.

Klatschspalte Zeitungsrubrik, in der genau aufgelistet wird, wer sich mit wem auf welcher Party getroffen hat. Die Klatschspalte wird von den vielen Leuten, die sie regelmäßig lesen, als absolut überflüssig bezeichnet, vor allem von denen, die bestimmte Partys nur besuchen, um in eben dieser Klatschspalte erwähnt zu werden.

Klavier Zur Hervorbringung von Tönen bestimmtes Gerät, das in fortgeschrittener Stunde von Sadisten dazu benutzt wird, die Gehörnerven der Anwesenden zu strapazieren.

---

kochen Tätigkeit, die früher Teil der Vorbereitung der meisten Feste war. Moderne Gastgeber können darauf verzichten; entweder übernimmt das der Partyservice, oder die Gäste bringen das, was sie zu verzehren gedenken, gleich selbst mit.

Kollege Ein Mensch, den man zu kennen glaubte, den man aber erst auf einem Betriebsfest so richtig kennenlernt.

Klavier
PILS
CHOPIN

kontaktfreudig

Komplimente Nicht einfach zu handhabende Methode, anderen Leuten Schmeichelhaftes zu vermitteln. Anlaß, Zielperson und Wortwahl müssen genau zusammenpassen, wenn es funktionieren soll. Wer zum Beispiel auf einer schrägen Fete einer coolen Supermutter versichert, sie sehe heute wieder hinreißend aus, braucht sich nicht zu wundern, wenn die dadurch voll abgetörnte Tussi ihm unterstellt, bei ihm habe wohl gerade ein totaler Programmabsturz stattgefunden. Andererseits ist es nicht unbedingt angebracht, bei einer Einladung des Chefs diesem klarzumachen, man fände die Action hier wirklich echt turbogeil.

Konkurs Rasche Geschäftsaufgabe und, da man alle beruflichen Sorgen schlagartig losgeworden ist, ein prächtiger Grund zum Feiern.

kontaktfreudig So wird ein Mensch genannt, der auf einer Party mit allen Anwesenden die immer wieder gleichen Worte wechselt, allen im Brustton der Überzeugung versichert, man müsse unbedingt in Kontakt bleiben – und der alles spätestens nach Ende der Festlichkeit wieder vergessen hat.

Kontostand Nach dem Fest nicht mehr wiederzuerkennen.

L

Lampion	Stimmungsvoller Beleuchtungskörper für Gartenfeste, der leider nicht immer regendicht ist.
Langeweile	Eine Stimmung, die seit Menschengedenken noch nie auf einer Feier aufgetreten ist – oder sollten wir da falsch informiert sein?
Leber	Neben dem Sitzfleisch, beziehungsweise bei Stehpartys den Füßen, der Körperteil, der auf Feiern aller Art den größten Strapazen unterworfen ist.
Leichenschmaus	Etwas aus der Mode gekommene Feier, bei der es darauf ankommt, sich nicht die gute Laune verderben zu lassen und seiner Trauer um den Verblichenen dadurch Ausdruck zu verleihen, daß man dem Gebotenen kräftig zuspricht. Unerläßlich ist es jedoch, von Zeit zu Zeit in die Worte „Wenn er (sie) das noch erleben könnte!“ auszubrechen.
Lifestyle	Man muß ihn einfach draufhaben, wenn man auf Partys gut drauf sein will. Man kann zwar nicht genau erklären, was das eigentlich ist, aber es reicht ja schon, wenn man das richtige Feeling dafür hat. Gestylt sein ist alles, und was dazugehört, steht ja in den einschlägigen bunten und teuren Zeitschriften.
Linie, schlanke	Das, was man gerne hätte, wenn man auf Feste geht. Aber auch das, was man dort am schnellsten vergißt.

Lampion

Macho

Luft, frische

Unsichtbares Gas, das jede fortgeschrittene Partystimmung sofort zu zerstören vermag, und das deshalb von den betreffenden Räumlichkeiten unbedingt fernzuhalten ist.

Luxus

Das, was man sich nicht leisten kann. Andernfalls wäre es eine Notwendigkeit, die man sich selbst, seinem Status und seinem verfeinerten Lifestyle-Empfinden schuldig ist.

M

Macho

Widerlicher Angebertyp, um den sich unbegreiflicherweise die weiblichen Gäste drängen, während man selbst, der man doch auch, vor allem geistig, einiges zu bieten hätte, ziemlich unbeachtet bleibt.

Maskenzwang

Der oft recht willkommene Zwang, das Gesicht zu verstecken, damit der Rest der Persönlichkeit um so wirkungsvoller zur Geltung kommt. Oder damit das, was man da so treibt, anonym bleibt. Der Augenblick der Wahrheit, auch Demaskierung genannt, kommt oft zu spät, um das zu verhindern, was man in Unkenntnis der Gesichtszüge seines Gegenübers (und manchmal auch der Tatzeugen) alles angestellt hat...

Menü

Speisenfolge. Im Gegensatz zum Restaurant ist man ihr bei Feiern aller Art hilflos ausgeliefert und kann, wenn das Steak zu zäh oder das Sorbet zu wässerig ist, nicht auf etwas anderes ausweichen. Von einer Beschwerde beim Küchenchef ganz zu schweigen.

Migräne

Leicht abgenutzte Ausrede für zu spätes Kommen und zu frühes Gehen.

Mißtrauen

Von Eltern an den Tag gelegte Eigenschaft, wenn der Teeny-Nachwuchs sich zu Partys trifft. Was in der Regel weniger auf das Verhalten dieses Nachwuchses als auf die elterliche Erinnerung an die eigene Teeny-Vergangenheit zurückzuführen ist.

Mitbringsel

1. Kleine Gegenstände, die man von Edelfeten mit nach Hause nimmt, um den dort gebliebenen Lieben eine Freude zu bereiten. Also zum Beispiel einen hübschen Aschenbecher oder eines von diesen entzückenden kleinen Dessertlöffelchen.
2. Trink- und Eßbares, das die Gäste anschleppen, weil der Gastgeber mit deren Verköstigung finanziell überfordert wäre. Umfragen haben ergeben, daß dabei der Nudelsalat immer noch unangefochten die Spitzenposition innehat, gefolgt vom Tiramisù, dem Mais-Tomaten-Schafkäse-Salat, dem Mais-Thunfisch-Salat und den gerade zum Überholen ansetzenden Baguette-Häppchen. Das Mittelfeld bildet ein geschlossener Pulk aus zahlreichen Kästen Bier, unter die sich auch einige Flaschen Wodka und Tequila gemischt haben.

Etwas abgeschlagen dahinter folgt ein Querschnitt durch das aktuelle Weinangebot aus dem Supermarkt (Appelation controlée!), fast gleichauf mit einem großen Topf Chili con carne, der schon etwas abgekühlt ist und daher große Mühe hat, Schritt zu halten. Das Schlußlicht bilden, neben ewigen Verlierern wie Kartoffelsalat und Hering in Aspik, einige Exoten, wie zum Beispiel Tortillas und Enchiladas.

„Schon wieder Nudelsalat . . . !“

Muttertag

DA ARBEITET MAN JAHRZEHNTE, BIS MAN NICHT MEHR KANN, DAMIT AUS DEM JUNGEN WAS WIRD, UND DANN KRIEGT ER EINEN GUTEN JOB UND VERDIENT VIEL KIES UND KÜMMERT SICH NICHT UM SEINE ALTE MUTTER. EINMAL IM JAHR KOMMT DER KERL, UND WAS BRINGT ER?! KEINEN SCHNAPS, KEINE VIDEOS, KEINEN SCHAMPUS, NIX, NUR BLUMEN, NIX ALS BLUMEN..!!!
DU BIST ENTERBT!!!!

Diese gelten jedoch als Geheimtip und werden sich nach der Meinung von Fachleuten bald bis zur Spitzengruppe vorgearbeitet haben.

Mitternacht

Zeitpunkt, an dem die Gastgeber zum erstenmal erwartungsvoll auf die Uhr und die Gäste wieder erwartungsvoll in die Küche schauen.

Motto

Vornehme Feste stehen oft unter einem solchen. Alle Gäste wenden dann viel Geld und Mühe auf, um genau diesem Motto entsprechend gekleidet und geputzt zu sein. Denn so stand es auf der Einladung. Leider stand nicht darauf, was sie darüber hinaus tun sollten, um Stimmung in die Bude zu bringen.

Mumienreigen

Tanzvergnügen reifer Jahrgänge aus Teenie-Sicht.

Muttertag

Ein Familienfest, auf das sich die Mutter schon das ganze Jahr über freut. Bekommt sie doch schon am frühen Morgen, bevor sie in die Küche eilt, Blumen von ihren Lieben geschenkt, und wenn diese dann das Festmahl weggeputzt haben, räumen sie sogar eigenhändig das Geschirr in die Spülmaschine.

N

Nachbarn

Nahe beim Veranstaltungsort beheimatete Zeitgenossen, die mit der fadenscheinigen Ausrede, sie müßten am nächsten Morgen früh raus, Einwände gegen die sowieso nur bis drei Uhr früh dauernde Fete erheben. Sie sind im allgemeinen nur dadurch zu beschwichtigen, daß man sie ebenfalls einlädt. Man muß dann zwar die beiseite geschafften Eß- und Trinkreserven auch noch rausrücken, hat aber zumindest die Gewißheit, bei der nächsten Nachbarn-Party auch eingeladen zu werden. (Ohne sich erst vorher über den Radau beschweren zu müssen.)

Nachzügler Einer, der auf einer Feier zu spät eintrifft, weil er die Gastgeber und ihre Großzügigkeit kennt und deshalb vorher noch schnell einen Happen essen war.

Namenstag Anlaß für ein Fest, wenn einem partout kein anderer Grund dafür einfallen will.

---

nüchtern Äußerst unangenehmer Zustand, vor allem dann, wenn man ihm als einziger inmitten einer bereits alkoholisierten Umgebung ausgesetzt ist – zum Beispiel als Zuspätkommender. Man findet sich wechselseitig ziemlich bescheuert und tut natürlich alles, um das gleichmäßige intellektuelle Niveau so schnell wie möglich herzustellen.

O

Oktoberfest Ein absolutes Superfest, zu dem alljährlich Millionen von Menschen kommen. Und was Millionen super finden, das muß auch so sein. In den von frischer, würziger Luft erfüllten Bierzelten, leise von angenehmer Hintergrundmusik berieselt, nippen sie an den immer bis zum Rand gefüllten eleganten Krügen und erfreuen sich an der ruhigen, friedlichen Atmosphäre dieses Ortes. Ebenso diskret geht es auch draußen zu, wo die Massen zu den Fahrgeschäften

Nachzügler
PARTYLINIE
PARTYBAHN

strömen, deren Besitzer, wie übrigens auch die Brauereien, bemüht sind, durch äußerst knapp kalkulierte Preise den Geldbeutel ihrer Kunden zu schonen.

Organisation Das, was man bei der Vorbereitung der Feier für besonders wichtig hält, was sich nach deren Beginn aber sehr schnell verflüchtigt und nahtlos in die Improvisation übergeht.

Orgie Besondere Form der Party, zu der jeder mal gerne eingeladen werden möchte. Man könnte natürlich auch selbst eine veranstalten – aber wenn man sich so seinen Bekanntenkreis ansieht ...

overdressed Wenn man im Smoking auf der Beachparty erscheint. Oder frisch onduliert bei den Punkern. Im Overall auf der Orgie. Vielleicht auch mit Leuchtfarben-Leggins beim Staatsempfang. Kurz: wenn man so aufgeputzt ist, daß man auffällt. Im Grunde also ein sehr empfehlenswerter, die eigene unverwechselbare Persönlichkeit unterstreichender Stil.

P

Partykeller Für Feste aller Art vorgesehener Raum, der unter der Erdoberfläche liegt, damit über der Erdoberfläche von dem, was in ihm vorgeht, so wenig wie möglich wahrzunehmen ist. Seine Ausstattung richtet sich nach der Altersgruppe, die ihn benützt, und reicht von gediegener deutscher Eiche, Edelholzfurnieren und gestylter Bar bis zu schrillen Postern auf echt coolen nackten Rohputzwänden, Third-Hand-Teppichen, tierisch geilen selbstgebastelten Sitzkissen und ei-

Partykeller

ner monstermäßigen Stereoanlage, deren Power die Seismographen in der nächsten Erdbebenwarte ausflippen läßt. Auch die Stimmung im Partykeller ist sehr unterschiedlich. Sie reicht, oft der Einrichtung entsprechend, von gediegener deutscher Edellangeweile bis zum sagenhaft schrägen Fetzenfeeling.

Partymuffel Einer, der sich beharrlich weigert, sich auf Festen aller Art ins Gedränge zu stürzen, mit Leuten, die er nicht kennt, über Dinge zu reden, die ihn nicht interessieren, und Speisen und Getränke, die ihm nicht sonderlich schmecken, in reichlich unbequemer Haltung zu sich zu nehmen. Ein Mensch also, der von den wirklichen Freuden des Lebens keine Ahnung hat und den man deshalb immer wieder einladen sollte, damit er sie endlich kennenlernt.

Partyservice Bezeichnung für Dienstleistungsunternehmen, die den überlasteten Gastgebern einen Teil ihrer Arbeit abnehmen. Zumindest, was die Verköstigung der Eingeladenen angeht. Außerdem haben sie den großen Vorteil, daß man ihnen an so ziemlich allem, was schiefläuft, die Schuld geben kann.

Partyzelt Praktische, leider jedoch nur bei größerem Grundbesitz und ebensolchem Geldbeutel einsetzbare Quarantänestation für Gäste, die dadurch von den empfindlicheren Teilen des Grundbesitzes ferngehalten werden.

Pizza Scheibenförmiges deutsches Nationalgericht, das vor allem auf Festen jüngerer Jahrgänge serviert wird.

Politik Mit großer Vorsicht zu behandelndes Gesprächsthema. Denn es ist für viele Menschen ein ausgesprochener Schock, wenn

Partyservice

Presse

„Presse! Ich bin bestellt! Wo ist das Buffet?“

ein bisher für intelligent und sympathisch gehaltener Gesprächspartner zu erkennen gibt, daß er sich ausgerechnet jener XY-Partei verbunden fühlt, die man selbst für eine Fehlfunktion des demokratischen Systems hält.

Preisverleihung

Anlaß zu einer mehr oder weniger großen Feier. Sie wird zwar leider dadurch unterbrochen, daß irgendein unbekannter Mensch einem anderen unbekannten Menschen etwas überreicht und dazu eine Ansprache hält – aber wenn das überstanden ist, kann man sich ohne weitere Störung dem eigentlichen Zweck der Veranstaltung zuwenden.

Presse

Ein Medium, mit dem man als Festveranstalter nichts im Sinn hat, denn man organisiert das alles ja nur zum Vergnügen seiner Gäste und nicht des eigenen Rufes wegen. Wenn man also ein paar Tage vorher bei der Zeitung anruft und sie davon in Kenntnis setzt, dann geschieht das nur, um das Informationsbedürfnis der Öffentlichkeit zu befriedigen. Und wenn man hinterher sauer ist, weil nur zwei Zeilen erschienen sind, dann nur, weil der zum Fest gesandte Reporter für mindestens sechs Spalten gegessen und getrunken hat.

Prolet

Einer, der während der Begrüßungsansprache nicht stehenbleibt und so tut, als würde ihn das Gesagte interessieren, sondern sofort ans Buffet eilt.

Promi

Zeitgenosse, dessen Name durch die Medien einem größeren Kreis bekanntgeworden ist und der eingeladen wird, damit etwas von seiner Bedeutung auf das gesamte Fest abfärbt und die übrigen Gäste so einen Menschen auch mal aus nächster Nähe kennenlernen. Manche fragen sich hinterher allerdings, wie so ein Mensch überhaupt einem größeren Kreis bekanntwerden konnte.

Prost	Ein Wort, das dazu dient, Gesprächslücken zu überbrücken. Auf manchen Festen kann es das Gespräch auch ganz oder teilweise ersetzen.
Pünktlichkeit	Sie ist bekanntlich die Höflichkeit der Könige und steht auch bei normalen Menschen in hohem Ansehen. Pünktliche Gäste werden also vom Gastgeber sehr geschätzt; am beliebtesten sind die überpünktlichen, diejenigen also, die schon eine halbe Stunde vor Festbeginn, während man noch mit den letzten Vorbereitungen beschäftigt ist, mit der unschuldigen Frage „Wir stören doch nicht?" vor der Tür stehen.

R

Rache	Gegeneinladung.
Rasen	Eine sorgsam gepflegte, glatte, grüne, makellose Fläche – bis zur Gartenparty (siehe dort).
Raucher	Auf Festen und Partys noch recht häufig anzutreffende, ansonsten jedoch vom langsamen Aussterben bedrohte Spezies, die demnächst nur noch in Reservaten zu besichtigen sein wird. (Gasmaskenzwang!)
Rede	Das, was dem Gastgeber, neben der Einladungsliste, das meiste Kopfzerbrechen bereitet. Muß doch eine große Anzahl von Wörtern so geordnet und zueinander in Beziehung gesetzt werden, daß diese einen Sinn ergeben, im Kopf des

Rasen
HAALLOO, DA SINÐ WIIIIR !!!
WUUUUUUUUU...

Redners Platz haben und vor allem die Gäste davon abhalten, sich vorzeitig übers kalte Buffet herzumachen. Darüber hinaus sollen sie auch noch zum jeweiligen Anlaß passen.
Um diesem Notstand abzuhelfen, sei hier eine Musterrede präsentiert, die auf alle denkbaren Feiergelegenheiten paßt; von den verschiedenen aufgeführten Variationen muß lediglich die jeweils zutreffende ausgewählt werden. Das ist Rede Nr. 1.
Rede Nr. 2, im Anschluß daran vorgestellt, kam nach umfangreichen tiefenpsychologischen Studien zustande. Von Fachleuten auch als „reale Rede" bezeichnet, enthält sie ausschließlich die wahren Gedanken des Vortragenden – das also, was er denkt, während er Rede Nr. 1 von sich gibt. Es bleibt Ihnen, verehrte Leser, natürlich unbenommen, anstelle von Rede Nr. 1 gleich Rede Nr. 2 zu halten ...

Rede (Nr. 1)

Liebe, verehrte Freunde, Gäste, Kollegen, Familien-, Vereins- und Parteimitglieder, Genossen, Hochzeits- und Trauergäste, Taufpaten und Hinterbliebene, meine Damen und Herren!
Es ist mir eine ebenso besondere wie außerordentliche Freude, Sie heute hier begrüßen zu dürfen. Ich danke Ihnen, daß Sie so zahlreich auf diesen freudigen (traurigen, bedeutenden) Anlaß hin erschienen sind. Nachdem nun der Dachstuhl aufgerichtet (der teure Hinterbliebene ins Grab gesenkt), die eheliche (geschäftliche) Verbindung geglückt (geplatzt), ein wichtiger Lebens-(Berufs-)abschnitt vollendet, die Wahl gewonnen (ehrenvoll verloren), die Taufe (der Konkurs) vollzogen ist, wollen wir zusammen einige heitere (besinnliche) Stunden verbringen! Heiter ist die Kunst, aber ernst das Leben oder so ähnlich, sagt schon der Dichter, und so wollen wir uns denn heute in der Kunst üben, das

ÄHÄM... HÜSTEL ... ÄH... HÜSTEL
WERTE FESTGEMEINDE... RÄUSPER...
ICH... ÄH....
50
TING
TING
TING

Rede (Nr. 1)

Leben von der eher heiteren Seite zu nehmen, ohne natürlich den gebotenen Ernst zu vergessen – ganz im Sinne der Hauptperson(en) des heutigen Abends, die hier fröhlich (leider nicht mehr) unter uns weil/t(en).
Genug der Worte! Wir haben, wie Sie gesehen und – na, na! – zum Teil auch schon gekostet haben, ein paar Häppchen zusammengestellt, an denen Sie hoffentlich Gefallen finden werden. Vorher jedoch, einen Augenblick noch, nun warten Sie doch noch eine Sekunde – vorher jedoch bitte ich Sie, Ihr Glas zu erheben und mit mir auf das Wohl der Hauptperson(en) des heutigen Abends (unserer geliebten Firma) anzustoßen. Möge(n) sie auch weiterhin in Glück und Zufriedenheit leben (wachsen und gedeihen/in Frieden ruhen)!

Rede (Nr. 2)

Liebe Schnorrer und Neidhammel, sehr verehrte Erbschleicher, Mitesser und Opportunisten, liebwerte Klatschmäuler, Nassauer, Karrieresüchtige und Intriganten, geschätzte Verwandtensippschaft!
Es war leider nicht zu umgehen, Sie heute abend einzuladen. Wie zu erwarten, sind wieder mal nicht nur die geladenen Gäste erschienen, sondern auch jede Menge Schmarotzer, die glauben, hier umsonst einen draufmachen zu können. Aber ich weiß natürlich, was ich meinem Ruf und dem Anlaß schuldig bin, und deshalb heiße ich Sie alle, was bleibt mir anderes übrig, herzlich willkommen.
Ich weiß zwar, daß Ihnen das, was ich hier verzapfe, völlig gleichgültig ist, aber wenn Sie sich schon auf meine Kosten alle möglichen leckeren Sachen reinziehen, dann müssen Sie mir auch ein paar Minuten lang zuhören. Es hat lange genug gedauert, bis ich die paar Sätze beisammen hatte. Also Freunde, ich hoffe, ihr wißt wenigstens jetzt noch, warum ihr hier seid, und ihr tut zumindest eine Zeitlang so,

KEINE ANGST! MEIN MANN IST EIN GUTER SCHWIMMER !!!

als würde euch der Anlaß des heutigen Treffens nur halb so stark interessieren wie das kalte Buffet.
Aber macht euch keine falschen Hoffnungen! Wenn ihr glaubt, ihr könnt euch hier bis zum Gehtnichtmehr vollstopfen, dann habt ihr euch geschnitten. Die Auswahl ist begrenzt, und wer zuerst kommt, mampft zuerst. Wenn ich so eure hungrigen Gesichter sehe und das dezente Knurren eurer Mägen vernehme, finde ich sowieso, daß ich mir zuviel Mühe gemacht habe. Für die Gefräßigen stehen übrigens Buletten in Reserve. Zu trinken gibt es genug; nicht gerade vom Allerfeinsten, aber nach dem zweiten Glas merkt das von euch Banausen sowieso keiner mehr.
Ihr braucht nicht auf die Uhr zu sehen und mit den Füßen zu scharren, gleich ist es soweit. Also, liebwerte Gäste, ich darf Sie nun zum Imbiß nach nebenan bitten: five – four – three – two – one – zero!

Richtfest

Feier aufgrund der Tatsache, daß man den Dachstuhl aufs Haus gebracht hat, ohne schon vorher pleite zu gehen.

S

Schickeria

Gattung exotischer Lebewesen (Schickimickis), von deren Existenz die Welt erst seit der Erfindung der sogenannten Klatschspalten Kenntnis genommen hat. Besagte Schickimickis verbringen einen Teil ihres Daseins (darin normalen Menschen ähnlich) in ihren Wohnhöhlen, von ihnen „Loft", „Flat" oder neckisch „Hütte" genannt. Darin bereiten sie sich durch sorgfältiges Schmücken und Putzen auf den zweiten Teil ihres Daseins vor, der aus einer Art

Richtfest

Nonstop-Balz besteht. Im Gegensatz zur Tierwelt balzen jedoch nicht nur die Männchen, sondern auch die Weibchen. Auch der Endzweck der Balz ist ein anderer: Er besteht nicht nur darin, eine Paarung einzuleiten und damit den Fortbestand der Art zu sichern, sondern vor allem im Hervorrufen von Neid- und Bewunderungsgefühlen bei möglichst vielen Zuschauern. Da die Zahl der Zuschauer jedoch begrenzt ist (die „Party“ genannten Balzplätze nehmen nur eine relativ geringe Anzahl auf), sind die Schickimickis mit einer anderen Art, den „Klatschkolumnisten“, eine Symbiose eingegangen, vergleichbar der zwischen Haien und den sie begleitenden Putzerfischen. Die Kolumnisten übernehmen es, eine nach Millionen zählende Öffentlichkeit über alle Einzelheiten der Balzrituale zu unterrichten.
Bis heute ungeklärt ist allerdings die naheliegende Frage, wieso diese Öffentlichkeit sich immer noch und immer wieder für die doch immer gleichen Balzrituale der Schickimickis interessiert.

Siegesfeier

Sie ist dann fällig, wenn wir gewonnen haben. Im Fußball beispielsweise, im Eishockey, im Tennis oder im Abfahrtslauf. Denn wir waren ja, wie wir uns dabei gegenseitig versichern, wirklich gut. Wir haben enorm trainiert, Entbehrungen auf uns genommen, zahlreiche Gegner ausgeschaltet, mit einem Wort: gegen unsere Form war einfach nichts zu machen.
Im fortgeschrittenen Stadium der Siegesfeier kann es dann schon mal passieren, daß uns die Namen der Sportler entfallen, die da im Fußball, im Tennis, im Eishockey, im Abfahrtslauf oder wo auch immer, gesiegt haben. Aber das macht ja nichts; Hauptsache, *wir* haben gewonnen!

Siegesfeier

Single

Single
Angehörige(r) einer Gattung frei und ungebunden herumschweifender und oft auf Partys anzutreffender Lebewesen, die von manchen für gefährliche Raubtiere, von anderen für Exoten mit magischer Anziehungskraft und von wieder anderen für arme Schweine gehalten werden.

Sitzordnung
Bei vornehmeren (oder so sein wollenden) Festen übliche Methode, die Gäste sinnvoll zu verteilen, wobei vor allem darauf zu achten ist, daß man selbst im Mittelpunkt bleibt. Eine besondere Eigenschaft aller Sitzordnungen ist es allerdings, daß sie sich spätestens nach dem Dessert in nichts auflösen.

Small talk
Party-Esperanto. Eine Sprache, die jeder können muß, der auf Festen nicht als Fremdkörper unangenehm auffallen will. Durch sie beherrscht man die Kunst, sich mit möglichst vielen Worten über möglichst wenige Themen so zu unterhalten, daß so gut wie nichts dabei herauskommt. Wer darin gut geübt ist, gilt als charmanter Plauderer und wird immer wieder gerne eingeladen.

Smoking
Festliches Kleidungsstück, das man meist nicht hat, sondern sich ausleihen muß. Um so dankbarer ist man deshalb, wenn durch das Schild „No smoking" darauf hingewiesen wird, daß man sich dieser Mühe nicht zu unterziehen braucht.

Snob
Gast, der den Kartoffelsalat mit dem eigenen, mitgebrachten (silbernen) Kaviarlöffelchen zu sich nimmt.

Sodbrennen
Innermenschlicher Appell zur Mäßigung.

Spesen	Sinnvolle Abrechnungsmethode, die es erlaubt, daß man sich Feste leisten kann, die man sich im Grunde gar nicht leisten könnte.
Spießer	Die Mehrzahl der Leute, die man regelmäßig auf Festen trifft. Eigenartig ist nur, daß die Mehrzahl der Leute, die man auf Festen trifft, das gleiche denkt.
Spontanfete	Ein Fest, bei dem später keiner mehr so recht weiß, wie das alles so zusammen- und zustandekam: der Anlaß vorher, die Wahnsinnsstimmung mittendrin und der Brummschädel hinterher.
Stehempfang	Geselliges, mehr oder weniger festliches Beisammensein von Menschen mit zirkusreifen Fähigkeiten. Müssen sie doch gleichzeitig Teller, Besteck und Glas halten, das Essen zum Munde führen, dezent trinken, anderen Leuten die Hand schütteln, sich vom Buffet bedienen, dazu pausenlos reden, aber natürlich nicht mit vollem Mund, und vor allem: immer lässig, cool und gut drauf sein.
Strandparty	Geselliges Beisammensein, das Wassernähe, laue Lüfte und leichte Kleidung voraussetzt und bei dem erstaunlicherweise am Baggersee oft mehr abgeht als auf den Bermudas.
Sylvester	Das Fest mit dem größten Verbrauch an guten Wünschen und Vorsätzen. Zum Glück geht davon kaum je etwas in Erfüllung, denn sonst bliebe ja für die nächste Sylvesterfeier nichts mehr übrig.
Szene	Wer dazugehört, spricht es englisch aus: *si:n*. Das Schöne an ihr ist, daß eigentlich jeder zu irgendeiner S. gehört. Und

Stehempfang

Sylvester

dazugehören ist nun mal alles in der Partykultur. Ob Streetfighter-, Yuppie-, Werbetexter-, Abteilungsleiter-, Teeny- oder Grufti-Szene: irgendeine paßt immer. Neuerdings soll es auch eine Partymuffel-Szene geben; in der geht es angeblich besonders fetzig zu.

T

Tabula rasa

Zustand des kalten Buffets, nachdem die Gäste den gröbsten Hunger gestillt haben.

Tanzen

Allein oder paarweise dargebotene Körperverrenkungen und Schrittkombinationen, bei denen es vor allem darauf ankommt, sich nicht allzuweit vom Takt der Musik zu entfernen und dem jeweiligen Partner und dem Umfeld den Eindruck selbstvergessener rhythmischer Hingebung zu vermitteln. Bei langsamem Rhythmus und gedämpfter Beleuchtung liegen die Prioritäten allerdings etwas anders ...

Taufe

Zuerst eine religiöse Zeremonie, bei der der minderjährige Delinquent trotz heftiger Gegenwehr mit Wasser bespritzt wird. Danach ein Anlaß für alle näheren und entfernteren Verwandten, sich kostenlos die Bäuche vollzuschlagen. Da die eigentliche Hauptperson dabei nur stört, wird sie vorher weggebracht.

Testament

Manchmal der Grund für eine Feier im kleinen Kreis, die jedoch besser geheimgehalten wird.

Trüffel

KEINE ANGST!
SIE IST AUF DIE
TRÜFFELLEBER PASTETE
SCHARF...
SCHNORCH
HOINK
UIK

Toast Trinkspruch von angenehmer Kürze. Der, der ihn ausbringt, wird Toaster genannt.

Tote Hose Bezeichnung für eine Party, die nicht ganz die an sie gestellten Erwartungen erfüllt.

Tragödie Wenn man sich ein todschickes, sauteures Kleid gekauft hat, dem man auf der Party wiederbegegnet – mit einem womöglich noch attraktiveren Inhalt.

Treibhauseffekt Ein gerade in letzter Zeit von der Wissenschaft näher erforschtes Phänomen. Es ist zu fortgeschrittener Stunde vor allem in Partykellern und kleineren Wohnungen zu beobachten und steht in direkter Relation zur Zahl der anwesenden Gäste und der gerauchten Zigaretten sowie zum Volumen der beim Partygeplauder abgelassenen heißen Luft.

Triebtäter Einer, der nur unter Androhung roher Gewalt vom Kaviartopf wegzubringen ist.

Trüffel Edler Pilz, der von Schweinen und Menschen gleichermaßen geschätzt wird. Die ersten dürfen ihn jedoch nur suchen, die zweiten bei besonders festlichen Anlässen zu sich nehmen. Im Gegensatz zu den Schweinen tun diese aber oft nur so, als fänden sie ihn köstlich. Vermutlich haben sie einen weniger gut entwickelten Geschmackssinn.

Vegetarier

U

U.A.w.G. Auf vielen Einladungen abgedruckte Abkürzung für „Um Antwort wird gebeten“ – eine Aufforderung, der seit Menschengedenken noch nie jemand nachgekommen ist.

überschäumend Adjektiv, mit dem hinterher die Stimmung mancher Feste bezeichnet wird. Meistens sind es solche, auf denen das einzig Überschäumende der Sekt war.

ungezwungen Vornehme Umschreibung eines Festes, bei dem es keinen stört, wenn alle mal so richtig die Sau rauslassen.

V

Vegetarier Sehr angenehme Gäste, zu deren Glück es reicht, wenn man ihnen eine Schüssel mit grünem Salat und eine Scheibe Vollkornbrot serviert.

Vernissage Beliebter Anlaß für zahlreiche Menschen, die, wie sie glauben, kulturell und bildungsmäßig voll drauf sind, sich zu zwanglosem Geplauder und kostenloser Verpflegung zu treffen. Als störend werden dabei nur die vielen unverständlichen Bilder empfunden, die überall herumhängen.

Verwandte Menschen, die man immer wieder zu irgendwelchen Feiern einladen muß. Aber kann man da überhaupt noch von Feiern sprechen ...?

Visitenkarte Rechteckiges Stück Papier, das man unaufgefordert geschenkt bekommt, damit man sich an den darauf gedruckten Namen und an die damit gemeinte Person erinnern kann. Deshalb bewahrt man es auch sorgfältig auf – bei den zwei Dutzend anderen Karten, die man auf früheren Partys geschenkt bekommen hat.

Vitamine Unerläßlich für das körperliche Wohlbefinden. Als besonders vitaminreich gelten Hummer und Kaviar.

Vorfreude In der Regel die einzige wirklich ungetrübte, positive Stimmung, die im Zusammenhang mit einem Fest auftritt.

Vorspeise In gehobener Umgebung auch Hors d'œuvre genannt: das, was zuerst auf den Tisch kommt und bei dessen Verzehr man sich in Anbetracht dessen, was hinterher kommt, möglichst zurückhalten sollte.

Vorwand Auch Ausrede genannt. Gemeint ist die mit echtem Bedauern in der Stimme vorgetragene Begründung dafür, daß man, leider, leider, der Einladung nicht Folge leisten könne – und dabei habe man sich schon so wahnsinnig darauf gefreut. Von dem einzig wahren, aber nicht verwertbaren Grund, daß man keine Lust hat, einmal abgesehen, gibt es eine Unzahl möglicher Begründungen – vom Kind, das die Masern hat, über die sündteuren, schon vor drei Monaten gekauften Rockkonzert-Karten bis zur unangemeldet hereingebrochenen Verwandtenhorde. Über die Glaubwürdigkeit des jeweiligen Vorwands braucht man sich keine Gedanken zu machen; niemand wird ihn anzweifeln, denn jeder möchte, daß man ihm den seinen, den er demnächst vorbringt, wenn er selbst eingeladen wird, auch ohne weiteres glaubt.

Vorwand
NEIN -ÄH- HUST HUST, TANTE MARGOT, WIR KÖNNEN LEIDER NICHT KOMMEN! ... JA, SCHADE ... NEIN, WIR HABEN SO EINE -HUST- SCHEUßLICHE GRIPPE UND MÜSSEN LIEGEN ...!

Wahlparty

W

Wahlparty

Ein Fest, das vor der Wahl organisiert, aber erst nachher gefeiert wird. Nur Laien schließen daraus, daß es Probleme geben könnte, sobald das Ergebnis feststeht. Denn wie immer man auch abgeschnitten hat – es hätte noch schlimmer kommen können!

Wangenkuß

Begrüßungsform, die beweist, daß man dazugehört. Wozu auch immer. Ob man sich mag oder auch nur sympathisch findet, spielt ebensowenig eine Rolle wie das Risiko, sich dabei Grippe- oder andere Viren einzufangen. Zu beachten ist lediglich, daß diese Begrüßung lautlos zu geschehen hat; wer beim Küssen schmatzt, gerät leicht in den Verdacht, bei der Suppe zu schlürfen.

Weihnachten

Der absolute Festhöhepunkt des Jahres. Schon Wochen vorher beginnt man zu überlegen, wen man wie beschenkt, was man wann ißt, wo man wie hinfährt und warum man das alles mitmacht. Aber schließlich sind dann alle Vorbereitungen glücklich abgeschlossen, und man kann sich diesen frohen Stunden widmen, die in der Regel mit einem deftigen Familienkrach beginnen und mit dem Wunsch enden, in ein Land ohne Weihnachten auszuwandern.

Weihnachtsfeier

Sie findet im Betrieb, also ohne die Familie, statt und bietet somit von vornherein die Gewähr dafür, daß man sich gut amüsiert. Man hält sich in der Regel auch nur kurz bei weihnachtlichen Präliminarien wie Lieder singen oder Reden halten auf und wendet sich schnell den wichtigeren Aspekten der Veranstaltung zu – den Plätzchen, dem Punsch, der kalten Platte, dem Punsch, der hübschen Sekretärin, dem Punsch, dem neuen Sachbearbeiter, den Lebkuchen, dem Punsch ...

Wie geht's?

Stereotype Begrüßungsformel, die mit den Worten „Danke, und Ihnen?" zu beantworten ist. Dies setzt jedoch schon ein Mindestmaß an gegenseitiger Bekanntheit voraus. In allen übrigen Fällen genügt ein kontaktfreudig klingendes „Hallo!", in besonders weltoffenen Kreisen auch ein charmantes „Hallöchen!"

Witze

Mittel zur Stimmungsanhebung, das jedoch sehr vorsichtig verabreicht werden sollte. Jede Überdosis kann tödlich sein. Witze verhalten sich in der Regel zu echtem Humor wie Fischfrikadellen zu Kaviar.

Wohltätigkeitsveranstaltung

Eine Feier, die, wie schon der Name sagt, einem wohltätigen Zweck dient. Zwar muß man für die Teilnahme bezahlen, aber dafür hat man bei Verzehr von Kaviar, Wachteln und ähnlichen leckeren Kleinigkeiten das angenehme Gefühl, daß all dies unmittelbar den armen hungernden Kindern in Afrika zugute kommt.

X

Xanthippe

Griechische Gastgeberin, deren Mann Sokrates sich ihren Partyplänen widersetzte und den sie deshalb sein Leben lang mit ihren Vorwürfen nervte. Er starb schließlich an einem unsachgemäß zubereitetem Schierlingscocktail.

Zeitgeist

ZEITGEIST MAGAZIN
PARTIES
IN: BLINDE KUH
OUT: TIRAMISU
ZEITGEIST? FÜR MICH IST DAS HEIßE LUFT ...!!!

Z

zahlen	Eine Tätigkeit, der offenbar etwas sehr Unanständiges anhaftet, denn keiner der Gäste macht sich darüber Gedanken, geschweige denn, daß er darüber sprechen würde.
Zeitgeist	Wie schon der Name sagt, der Geist der heutigen Zeit, wie er uns am deutlichsten in Zeitschriften und Werbefilmen gegenübertritt. Für die erfolgreiche Gestaltung echt cooler Partys ist er ungeheuer wichtig, denn wenn man die Leute einlädt, die diesen Geist voll verinnerlicht haben, wenn man fürs entsprechende Ambiente sorgt und die dazu passenden Häppchen und Getränke serviert, kann eigentlich nichts schiefgehen. Alles wirkt dann wie in einem Werbefilm. Und so soll es ja auch sein. Oder etwa nicht?
Zimmerlautstärke	Eine Lautstärke, bei der die Wände des Zimmers zwar erzittern, aber nicht einstürzen dürfen.
Zirrhose	Lebererkrankung, die durch ein Virus hervorgerufen wird und mit zu hohem Alkoholkonsum und somit auch mit dem Thema dieses Buches überhaupt nichts zu tun hat.
Zombie	Ein aus dem Grab Zurückgekehrter, auch „Untoter“ genannt, erkennbar an seinem bleichen Aussehen, den unsicheren Bewegungen und der Gier nach bestimmten, ihm als Nahrung dienenden Flüssigkeiten und Stoffen. Anders ausgedrückt: ein Partygast zu später Stunde.
Zweck (des Festes)	Das, was auf der Einladung steht, was jedoch, außer den Gastgeber, nach Beginn des Festes keinen mehr interessiert.

ISBN 3-8231-0564-7

ISBN 3-8231-0135-8

ISBN 3-8231-0543-4

ISBN 3-8231-0126-9

ISBN 3-8231-0188-9

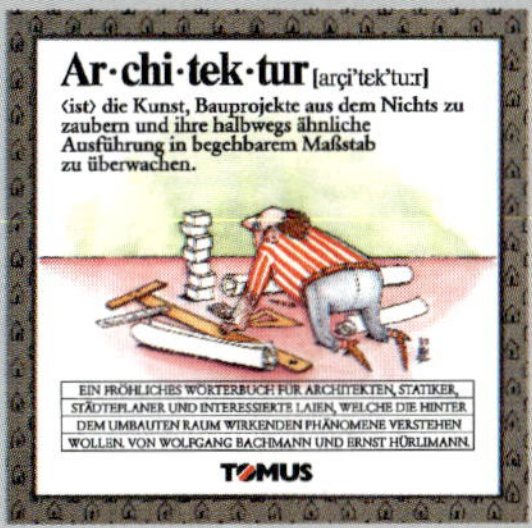

ISBN 3-8231-0176-5

ISBN 3-8231-0085-8

ISBN 3-8231-0166-8

ISBN 3-8231-0084-X

ISBN 3-8231-0139-0

ISBN 3-8231-0082-3

Fröh·li·che Wör·ter·bü·cher von A–Z

ISBN 3-8231-0189-7

ISBN 3-8231-0116-1

ISBN 3-8231-0173-0

ISBN 3-8231-0177-3

ISBN 3-8231-0105-6

ISBN 3-8231-0138-2

ISBN 3-8231-0096-3

ISBN 3-8231-0070-X

ISBN 3-8231-0159-5

ISBN 3-8231-0094-7

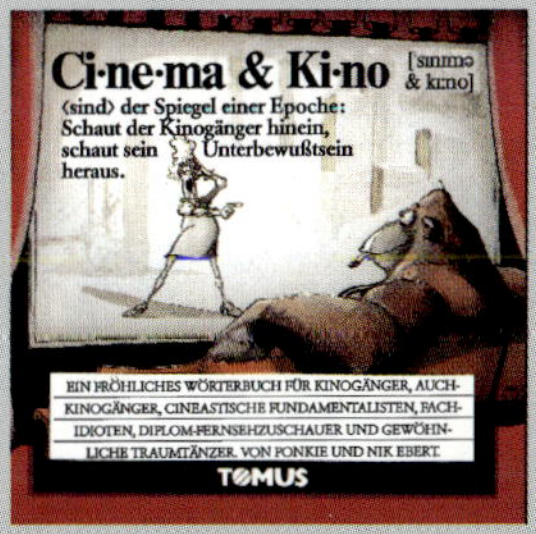

ISBN 3-8231-0179-X

ISBN 3-8231-0110-2

ISBN 3-8231-0081-5

ISBN 3-8231-0069-6

ISBN 3-8231-0162-5

ISBN 3-8231-0181-1

ISBN 3-8231-0545-0

ISBN 3-8231-0101-3

ISBN 3-8231-0190-0

ISBN 3-8231-0565-5

ISBN 3-8231-0120-X

ISBN 3-8231-0060-2

ISBN 3-8231-0137-4

ISBN 3-8231-0534-5

ISBN 3-8231-0121-8

ISBN 3-8231-0152-8

ISBN 3-8231-0157-9

ISBN 3-8231-0144-7

**Jeder Band hat
96 Seiten mit
46 Karikaturen.
Format:
20,7 x 21 cm.
DM 19,80/ÖS 148,–**

ISBN 3-8231-0079-3

ISBN 3-8231-0080-7

ISBN 3-8231-0114-5

ISBN 3-8231-0068-8

ISBN 3-8231-0113-7

ISBN 3-8231-0541-8

BN 3-8231-0544-2

ISBN 3-8231-0107-2

ISBN 3-8231-0128-5

ISBN 3-8231-0191-9

BN 3-8231-0067-X

ISBN 3-8231-0112-9

ISBN 3-8231-0086-6

ISBN 3-8231-0078-5

ISBN 3-8231-0542-6

BN 3-8231-0149-8

Fröh·li·che Wör·ter·bü·cher von A–Z

ISBN 3-8231-0548-5

BN 3-8231-0546-9

ISBN 3-8231-0147-1

ISBN 3-8231-0187-0

ISBN 3-8231-0167-6

ISBN 3-8231-1000-4

BN 3-8231-0077-7

ISBN 3-8231-0540-X

ISBN 3-8231-0088-2

ISBN 3-8231-0129-3

ISBN 3-8231-0143-9

ISBN 3-8231-0093-9

ISBN 3-8231-0098-X

ISBN 3-8231-0168-4

ISBN 3-8231-0119-6

ISBN 3-8231-0123-4

ISBN 3-8231-0134-X

ISBN 3-8231-0650-3

ISBN 3-8231-0163-3

ISBN 3-8231-0192-7

ISBN 3-8231-0076-9

ISBN 3-8231-0193-5

ISBN 3-8231-0164-1

ISBN 3-8231-0169-2

ISBN 3-8231-0170-6

ISBN 3-8231-0124-2

ISBN 3-8231-0539-6

ISBN 3-8231-0066-1

ISBN 3-8231-0092-0

ISBN 3-8231-0140-4

ISBN 3-8231-0194-3

ISBN 3-8231-0538-8

ISBN 3-8231-0091-2

ISBN 3-8231-0185-4

ISBN 3-8231-0090-4

ISBN 3-8231-0117-X

ISBN 3-8231-0566-3

ISBN 3-8231-0558-2

ISBN 3-8231-0568-X

ISBN 3-8231-0171-4

ISBN 3-8231-0065-3

ISBN 3-8231-0074-2

ISBN 3-8231-0097-1

ISBN 3-8231-0156-0

ISBN 3-8231-0109-9

Fröh·li·che Wör·ter·bü·cher von A–Z

ISBN 3-8231-0175-7

ISBN 3-8231-0064-5

ISBN 3-8231-0172-2

ISBN 3-8231-0567-1

ISBN 3-8231-0560-4

ISBN 3-8231-0535-3

ISBN 3-8231-0073-4

ISBN 3-8231-0174-9

ISBN 3-8231-0537-X

ISBN 3-8231-0111-0

ISBN 3-8231-0561-2

ISBN 3-8231-0559-0

ISBN 3-8231-0536-1

ISBN 3-8231-0183-8

ISBN 3-8231-0184-6

ISBN 3-8231-0151-X

ISBN 3-8231-0130-7

ISBN 3-8231-0158-7

ISBN 3-8231-0125-0

ISBN 3-8231-0131-5

ISBN 3-8231-0530-2

ISBN 3-8231-0531-0

Jeder Band hat 96 Seiten mit 46 Karikaturen. Format: 20,7 x 21 cm. DM 19,80/ÖS 148,–

ISBN 3-8231-0195-1

ISBN 3-8231-0141-2

ISBN 3-8231-0083-1

ISBN 3-8231-0150-1

ISBN 3-8231-0569-8

ISBN 3-8231-0145-5

ISBN 3-8231-0146-3

ISBN 3-8231-0115-3

ISBN 3-8231-0178-1

ISBN 3-8231-0118-8

ISBN 3-8231-0103-X

ISBN 3-8231-0570-1